AF408255

SENTIR ES EL SECRETO

Descubre Cómo Tus Emociones Crean Tu Realidad

Colección Deluxe

Por
Neville Goddard
Imaginatio Divina Media

Publicado en 2024 por Imaginatio Divina Media.

Sitio web: www.imaginatiodivinamedia.com

SENTIR ES EL SECRETO .
Copyright © 2024 Imaginatio Divina Media. Todos los derechos reservados.

Ninguna parte de este libro puede ser utilizada, reproducida o transmitida en ninguna forma (electrónica, fotocopia, grabación u otra) sin el permiso previo por escrito del autor, excepto en el caso de citas breves utilizadas en artículos críticos y reseñas. No se asume ninguna responsabilidad por el uso de la información contenida en este libro. Aunque se ha hecho todo lo posible para garantizar la precisión, el autor y el editor no asumen ninguna responsabilidad por errores u omisiones. Además, no se asume ninguna responsabilidad por los daños resultantes del uso de la información proporcionada en este libro.

ISBN: 979-8-3304-7207-9

Contenido

RESUMEN
DE *SENTIR ES EL SECRETO*:

El libro Sentir es el Secreto, de Neville Goddard, explora el profundo poder de la imaginación y los sentimientos para moldear la realidad. La idea central de Goddard es que la conciencia es la única realidad, y que tanto la mente consciente como la subconsciente desempeñan un papel fundamental en la manifestación de los deseos. La mente consciente genera ideas, mientras que la mente subconsciente materializa estas ideas en forma física.

La clave de este proceso de manifestación es el papel de las emociones y los sentimientos. Según Goddard, ninguna idea puede arraigar en el subconsciente a menos que se sienta profundamente. Una vez que una emoción o un sentimiento se imprimen en el subconsciente, ya sean positivos o negativos, deben manifestarse en el mundo exterior. Por eso, dominar las emociones y vivir sólo los estados deseados es esencial para el éxito de la manifestación.

El libro también hace hincapié en el poder del sueño y la oración como vías para influir en el subconsciente. Antes de dormir, se anima a las personas a asumir la sensación de que su deseo ya se ha cumplido, lo que permite al subconsciente actuar sobre esta creencia durante el sueño.

Sentir es el secreto enseña que el control sobre los propios sentimientos y la capacidad de vivir asumiendo el deseo cumplido son los secretos para alcanzar los propios objetivos y transformar la realidad.

CONTEXTO MODERNO
DE SENTIR ES EL SECRETO:

En contextos modernos, los principios de Neville Goddard sobre la imaginación y los sentimientos se alinean estrechamente con temas contemporáneos como la neurociencia del pensamiento positivo, la atención plena y la ley de la atracción.

La insistencia de Goddard en el poder de los sentimientos para manifestar deseos es paralela a lo que la neurociencia revela ahora sobre la plasticidad del cerebro y su capacidad para reconfigurarse a través de patrones de pensamiento. Los estudios sobre neuroplasticidad sugieren que el pensamiento positivo puede crear nuevas vías neuronales que refuercen el comportamiento positivo, de forma muy parecida a la idea de Goddard de que sentir la realidad de un resultado deseado imprime esta realidad en el subconsciente, haciendo que se manifieste.

El concepto de atención plena, que implica estar presente y ser consciente de los propios pensamientos y emociones, también se hace eco de las enseñanzas de Goddard. La atención plena anima a los individuos a ser conscientes de sus estados emocionales y a cultivar pensamientos que se alineen con los resultados deseados, reforzando la opinión de Goddard de que la mente consciente debe guiar al subconsciente a través de sentimientos cuidadosamente elegidos.

Por último, la obra de Goddard se cita a menudo en los debates sobre la ley de la atracción, que ha ganado gran popularidad en los movimientos modernos de autoayuda. Esta ley, que sugiere que lo semejante atrae a lo semejante, se basa en la idea de que mantener un estado emocional positivo atrae resultados positivos. La filosofía de Goddard de que los sentimientos crean la realidad proporciona un marco metafísico que resuena con quienes practican la ley de la atracción hoy en día, ofreciendo una base espiritual y psicológica a este concepto ampliamente aceptado.

Al conectar estas ideas con las prácticas psicológicas y espirituales modernas, las enseñanzas de Goddard siguen siendo relevantes para las personas que buscan armonizar las ideas metafísicas tradicionales con las tendencias científicas y de desarrollo personal actuales.

SENTIR ES EL SECRETO

Por Neville Goddard
(1944)

"No hay fin para hacer muchos libros."

ECLESIASTÉS 11:12

"El que quiera perfeccionarse en cualquier arte
que sea, que se dedique a la lectura de alguna obra
segura y cierta sobre su arte muchas veces;
porque leer muchos libros sobre tu arte produce
confusión más que aprendizaje."

DICHO ANTIGUO

PRÓLOGO

Este libro trata del arte de hacer realidad tu deseo. Te da cuenta del mecanismo utilizado en la producción del mundo visible. Es un libro pequeño, pero no insignificante. Hay en él un tesoro, un camino claramente definido hacia la realización de tus sueños.

Si fuera posible llevar la convicción a otro por medio de argumentos razonados e instancias detalladas este libro sería muchas veces su tamaño. Sin embargo, rara vez es posible hacerlo por medio de afirmaciones o argumentos escritos, ya que al juicio suspendido siempre le parece plausible decir que el autor era deshonesto o estaba engañado y, por tanto, sus pruebas estaban viciadas.

En consecuencia, he omitido a propósito todos los argumentos y testimonios, y simplemente desafío al lector de mente abierta a practicar la ley de la conciencia tal como se revela en este libro. El éxito personal resultará mucho más convincente que todos los libros que pudieran escribirse sobre el tema.

Neville

CAPÍTULO UNO

LA LEY Y SU FUNCIONAMIENTO

El mundo, y todo lo que hay en él, es la conciencia condicionada del hombre objetivada. La conciencia es la causa y la sustancia del mundo entero. Por lo tanto, debemos dirigirnos a la conciencia si queremos descubrir el secreto de la creación.

El conocimiento de la ley de la conciencia y el método de operar esta ley le permitirá lograr todo lo que desea en la vida. Armado con un conocimiento práctico de esta ley, puedes construir y mantener un mundo ideal.

La conciencia es la única realidad, no en sentido figurado, sino real. En aras de la claridad, esta realidad puede compararse a un arroyo dividido en dos partes, la consciente y la subconsciente. Para operar inteligentemente la ley de la conciencia es necesario comprender la relación entre el consciente y el subconsciente. El consciente es personal y selectivo; el subconsciente es impersonal y no selectivo. El consciente es el reino del efecto; el subconsciente es el reino de la causa. Estos dos aspectos son las divisiones masculina y femenina de la conciencia. El consciente es masculino; el subconsciente es femenino. El consciente genera ideas e imprime estas ideas en el subconsciente; el subconsciente recibe ideas y les da forma y expresión.

Por esta ley - primero concebir una idea y luego imprimir la idea concebida en el subconsciente - todas las cosas evolucionan a partir de la conciencia; y sin esta secuencia no hay nada hecho que se haga. El consciente impresiona al subconsciente, mientras que el subconsciente expresa todo lo que se le impresiona. El subconsciente no origina ideas, sino que acepta como verdaderas las que la mente consciente siente como tales y, de un modo que sólo él conoce, objetiva las ideas aceptadas. Por lo tanto, a través de su poder de imaginar y sentir y su libertad para elegir la idea que va a entretener, el hombre tiene el control sobre la creación. El control del subconsciente se logra a través del control de sus ideas y sentimientos.

El mecanismo de la creación está oculto en lo más profundo del subconsciente, el aspecto femenino o vientre de la creación. El subconsciente trasciende la razón y es independiente de la inducción. Contempla un sentimiento como un hecho que existe en sí mismo y, partiendo de este supuesto, procede a darle expresión. El proceso creativo comienza con una idea y su ciclo sigue su curso como un sentimiento y termina en una voluntad de actuar.

Las ideas se imprimen en el subconsciente a través del sentimiento. Ninguna idea puede grabarse en el subconsciente hasta que es sentida, pero una vez sentida -sea buena, mala o indiferente- debe ser expresada. El sentimiento es el único medio a través del cual las ideas se transmiten al subconsciente. Por lo tanto, el hombre que no controla sus sentimientos puede fácilmente impresionar al subconsciente con estados indeseables. Por control de los sentimientos no se entiende la restricción o supresión de sus sentimientos, sino más bien la disciplina de uno mismo para imaginar y entretener sólo los sentimientos que contribuyen a su felicidad. El control de los sentimientos es muy importante para una vida plena y feliz. Nunca albergues un sentimiento indeseable ni pienses con simpatía en el mal de ninguna forma. No te detengas en la imperfección de ti mismo o de los demás. Hacerlo es impresionar al subconsciente con estas limitaciones. Lo que no quieras que te hagan, no sientas que te lo hacen a ti o a otro. Esta es toda la ley de una vida plena y feliz. Todo lo demás son comentarios.

Cada sentimiento hace una impresión subconsciente y a menos que sea contrarrestado por un sentimiento más poderoso de naturaleza opuesta debe ser expresado. El dominante de dos sentimientos es el que se expresa. Estoy sano es un sentimiento más fuerte que estaré sano. Sentir que lo estaré es confesar que no lo estoy; soy más fuerte que no soy. Lo que sientes que eres siempre domina sobre lo que sientes que te gustaría ser; por lo tanto, para realizarse, el deseo debe ser sentido como un estado que es y no como un estado que no es.

La sensación precede a la manifestación y es la base sobre la que descansa toda manifestación. Ten cuidado con tus estados de ánimo y tus sentimientos, porque existe una conexión ininterrumpida entre tus sentimientos y tu mundo visible. Tu cuerpo es un filtro emocional y lleva las marcas inconfundibles de tus emociones predominantes. Los trastornos emocionales, especialmente las emociones reprimidas, son la causa de todas las enfermedades. Sentir intensamente algo malo sin expresarlo es el principio de la enfermedad, tanto en el cuerpo como en el entorno. No entretengas el sentimiento de arrepentimiento o fracaso porque la frustración o el desapego de tu objetivo resulta en enfermedad.

Piensa sólo con sentimiento en el estado que deseas alcanzar. Sentir la realidad del estado buscado y vivir y actuar según esa convicción es el camino de todos los milagros aparentes. Todos los cambios de expresión se producen a través de un cambio de sentimiento. Un cambio de sentimiento es un cambio de destino. Toda creación ocurre en el dominio del subconsciente. Lo que debes adquirir, entonces, es un control reflexivo de la operación del subconsciente, es decir, el control de tus ideas y sentimientos.

El azar o el accidente no son responsables de las cosas que te suceden, ni el destino predestinado es el autor de tu fortuna o desgracia. Tus impresiones subconscientes determinan las condiciones de tu mundo. El subconsciente no es selectivo, es impersonal y no hace acepción de personas. Al subconsciente no le importa la verdad o falsedad de tus sentimientos. Siempre acepta como verdadero lo que sientes. El sentimiento es el asentimiento del subconsciente a la verdad de lo que se declara como verdadero. Debido a esta cualidad del subconsciente no hay nada imposible para el hombre. Todo lo que la mente del hombre puede concebir y sentir como verdadero, el subconsciente puede y debe objetivarlo. Tus sentimientos crean el patrón a partir del cual se forma tu mundo, y un cambio de sentimiento es un cambio de patrón.

El subconsciente nunca deja de expresar lo que ha sido impreso en él. En el momento en que recibe una impresión, comienza a elaborar las formas de su expresión. Acepta el sentimiento impreso en él, tu sentimiento, como un hecho que existe dentro de sí mismo e inmediatamente se pone a producir en el mundo exterior u objetivo la semejanza exacta de ese sentimiento. El subconsciente nunca altera las creencias aceptadas por el hombre. Las describe hasta el último detalle, sean o no beneficiosas.

Para impresionar al subconsciente con el estado deseable, debes asumir el sentimiento que tendrías si ya hubieras realizado tu deseo. Al definir su objetivo, sólo debe preocuparse por el objetivo en sí. La manera de expresarlo o las dificultades que conlleva no deben ser consideradas por usted. Pensar con sentimiento en cualquier estado lo imprime en el subconsciente. Por lo tanto, si te quedas pensando en dificultades, barreras o retrasos, el subconsciente, por su propia naturaleza no selectiva, acepta el sentimiento de dificultades y obstáculos como tu petición y procede a producirlos en tu mundo exterior.

El subconsciente es el útero de la creación. Recibe la idea en sí a través de los sentimientos del hombre. Nunca cambia la idea recibida, pero siempre le da forma. De ahí que el subconsciente dibuje la idea a imagen y semejanza del sentimiento recibido. Sentir un estado como desesperado o imposible es impresionar al subconsciente con la idea de fracaso.

Aunque el subconsciente sirve fielmente al hombre, no debe inferirse que la relación es la de un siervo con un amo, como se concebía antiguamente. Los antiguos profetas lo llamaban esclavo y siervo del hombre. San Pablo la personificó como "mujer" y dijo: "La mujer debe estar sujeta al hombre en todo". El subconsciente sí sirve al hombre y da forma fielmente a sus sentimientos. Sin embargo, el subconsciente tiene una clara aversión a la compulsión y responde a la persuasión más que a la orden; en consecuencia, se asemeja más a la esposa amada que a la sierva.

"El marido es cabeza de la mujer", Ef. 5, puede que no sea cierto para el hombre y la mujer en su relación terrenal, pero sí lo es para el consciente y el subconsciente, o los aspectos masculino y femenino de la conciencia. El misterio al que se refería Pablo cuando escribió: "Este es un gran misterio.... El que ama a su mujer se ama a sí mismo.... Y los dos serán una sola carne", es simplemente el misterio de la conciencia. La conciencia es realmente una e indivisa, pero para la creación parece estar dividida en dos.

El aspecto consciente (objetivo) o masculino es realmente la cabeza y domina el aspecto subconsciente (subjetivo) o femenino. Sin embargo, este liderazgo no es el del tirano sino el del amante. Así que al asumir el sentimiento que sería tuyo si ya estuvieras en posesión de tu objetivo, el subconsciente se mueve para construir la semejanza exacta de tu suposición. Tus deseos no son aceptados subconscientemente hasta que asumes el sentimiento de su realidad, porque sólo a través del sentimiento una idea es aceptada subconscientemente y sólo a través de esta aceptación subconsciente es expresada.

Es más fácil atribuir tu sentimiento a los acontecimientos del mundo que admitir que las condiciones del mundo reflejan tu sentimiento. Sin embargo, es eternamente cierto que el exterior refleja el interior. "Como es dentro es fuera". "Nada puede recibir un hombre si no le viene del cielo" y "El reino de los cielos está dentro de vosotros". Nada viene de fuera; todo viene de dentro, del subconsciente. Es imposible que veas otra cosa que el contenido de tu conciencia. Tu mundo, en todos sus detalles, es tu conciencia objetivada. Los estados objetivos dan testimonio de las impresiones subconscientes. Un cambio de impresión provoca un cambio de expresión.

El subconsciente acepta como verdadero lo que tú sientes como verdadero, y como la creación es el resultado de impresiones subconscientes, tú, por tu sentimiento, determinas la creación. Ya eres lo que quieres ser, y tu negativa a creerlo es la única razón por la que no lo ves. Buscar en el exterior lo que no sientes que eres es buscar en vano, porque nunca encontramos lo que queremos; sólo encontramos lo que somos. En resumen, sólo expresas y tienes lo que eres consciente de ser o de poseer. "Al que lo tiene se le da". Negar la evidencia de los sentidos y apropiarse del sentimiento del deseo cumplido es el camino hacia la realización de tu deseo.

El dominio del autocontrol de tus pensamientos y sentimientos es tu mayor logro. Sin embargo, hasta que se alcance el autocontrol perfecto de modo que, a pesar de las apariencias, sientas todo lo que deseas sentir, utiliza el sueño y la oración para que te ayuden a realizar tus estados deseados. Estas son las dos puertas de entrada al subconsciente.

Traducción realizada con la versión gratuita del traductor www.DeepL.com/Translator

PREGUNTAS Y RESPUESTAS DE REFLEXIÓN

1. ¿Cuál es la relación fundamental entre la conciencia y la realidad?

- **Respuesta:** La conciencia es a la vez causa y sustancia de la realidad. El capítulo explica que el mundo es un reflejo de la conciencia condicionada del hombre. Para entender la creación y cómo funciona, primero hay que entender cómo opera la conciencia, porque todas las cosas se generan a partir de ella.

-

2. ¿Cuáles son los roles de la mente consciente y subconsciente en el proceso creativo?

- **Respuesta:** La mente consciente es selectiva y personal, mientras que el subconsciente es impersonal y no selectivo. La mente consciente genera ideas y el subconsciente las recibe y las expresa. El proceso creativo comienza cuando la mente consciente imprime ideas en el subconsciente, que luego las convierte en realidad.

-

3. ¿Qué papel juega el sentimiento en el proceso de creación?

- **Respuesta:** El sentimiento es el medio fundamental a través del cual las ideas se imprimen en el subconsciente. Ninguna idea puede imprimirse sin la presencia de un sentimiento correspondiente. El subconsciente no distingue entre sentimientos buenos, malos o indiferentes, por lo que expresa cualquier sentimiento que sea dominante. Controlar y disciplinar tus sentimientos es clave para dar forma a tu realidad.

-

4. ¿Por qué es importante evitar obsesionarse con pensamientos o sentimientos indeseables?

- **Respuesta:** La concentración en pensamientos negativos o indeseables imprime esos mismos estados en el subconsciente, que luego los manifiesta en el mundo exterior. El subconsciente no distingue entre ideas beneficiosas y perjudiciales; simplemente expresa lo que se le ha impreso. Por lo tanto, centrarse en las imperfecciones o los fracasos puede perpetuar circunstancias indeseables.

-

5. ¿Cómo responde el subconsciente a las ideas y por qué se lo compara con el concepto de "útero"?

- **Respuesta:** La mente subconsciente recibe ideas y sentimientos de la misma manera que un útero recibe una semilla: nutre y da forma a esas ideas sin alterarlas. Una vez impresas, el subconsciente plasma fielmente la idea con todo detalle. Esta comparación pone de relieve la naturaleza receptiva y creativa del subconsciente.

-

6. ¿Qué significa la frase "como es dentro, es fuera" en el contexto de este capítulo?

- **Respuesta:** Esta frase significa que el mundo exterior refleja el estado interno de conciencia. Las condiciones que experimentas en tu vida son un reflejo de los sentimientos e impresiones que tienes en tu subconsciente. Para cambiar tu mundo exterior, primero debes cambiar tus sentimientos y creencias internas.

-

7. ¿Cuál es el significado de asumir el sentimiento del deseo cumplido?

- **Respuesta:** Asumir la sensación del deseo cumplido es esencial porque el subconsciente responde únicamente a la sensación de que una idea ya es real. Si te obsesionas con la ausencia o dificultad de lograr tu deseo, el subconsciente manifestará obstáculos. En cambio, al sentir que tu deseo ya se realizó, impresionas al subconsciente para que exprese esa realidad.

-

8. ¿Cómo se pueden utilizar el sueño y la oración para influir en el subconsciente?

- **Respuesta:** El sueño y la oración se describen como puertas de entrada al subconsciente. Durante el sueño, la mente consciente está tranquila, lo que facilita la impresión de ideas en el subconsciente. La oración, cuando se realiza con sentimiento, también puede ayudar a dirigir conscientemente los pensamientos y sentimientos hacia el resultado deseado, lo que hace que estas herramientas sean valiosas para hacer realidad los propios deseos.

CAPÍTULO DOS
EL SUEÑO

El sueño, la vida que ocupa un tercio de nuestra estancia en la tierra, es la puerta natural al subconsciente. Por lo tanto, ahora nos ocuparemos del sueño. Los dos tercios conscientes de nuestra vida en la Tierra se miden por el grado de atención que prestamos al sueño. Nuestra comprensión y deleite en lo que el sueño tiene para otorgarnos, hará que, noche tras noche, nos dirijamos hacia él como si estuviéramos cumpliendo una cita con un amante.

"En un sueño, en una visión nocturna, cuando el sueño profundo cae sobre los hombres, al dormitar sobre el lecho; entonces abre los oídos de los hombres y sella su instrucción." Job 33. Es en el sueño y en la oración, estado semejante al sueño, cuando el hombre entra en el subconsciente para hacer sus impresiones y recibir sus instrucciones. En estos estados el consciente y el subconsciente se unen creativamente. El macho y la hembra se convierten en una sola carne.

El sueño es el momento en que la mente masculina o consciente se aparta del mundo de los sentidos para buscar a su amante o yo subconsciente. El subconsciente -a diferencia de la mujer del mundo que se casa con su marido para cambiarlo- no tiene ningún deseo de cambiar el estado consciente, despierto, sino que lo ama tal como es y reproduce fielmente su semejanza en el mundo exterior de la forma. Las condiciones y acontecimientos de tu vida son tus hijos formados a partir de los moldes de tus impresiones subconscientes en el sueño. Están hechos a imagen y semejanza de tu sentimiento más íntimo para que puedan revelarte a ti mismo.

"Como en el cielo así en la tierra". Como en el subconsciente así en la tierra. Lo que tengas en la conciencia cuando te vas a dormir es la medida de tu expresión en los dos tercios despiertos de tu vida en la tierra. Nada te impide realizar tu objetivo, salvo el no sentir que ya eres lo que deseas ser, o que ya estás en posesión de lo que buscas. Tu subconsciente da forma a tus deseos sólo cuando sientes que tu deseo se ha cumplido.

La inconsciencia del sueño es el estado normal del subconsciente. Debido a que todas las cosas vienen de dentro de ti mismo, y tu concepción de ti mismo determina lo que viene, siempre debes sentir el deseo cumplido antes de dormirte. Nunca sacas de lo profundo de ti mismo lo que deseas; siempre sacas lo que eres, y eres lo que sientes que eres, así como lo que sientes que es verdad en los demás.

Para realizarse, entonces, el deseo debe resolverse en el sentimiento de ser o tener o presenciar el estado buscado. Esto se consigue asumiendo el sentimiento del deseo cumplido. El sentimiento que surge en respuesta a la pregunta "¿Cómo me sentiría si se cumpliera mi deseo?" es el sentimiento que debe monopolizar e inmovilizar tu atención mientras te relajas en el sueño. Debes estar en la conciencia de ser o tener aquello que deseas ser o tener antes de caer dormido.

Una vez dormido, el hombre no tiene libertad de elección. Todo su sueño está dominado por su último concepto despierto de sí mismo. Se deduce, por tanto, que siempre debe asumir el sentimiento de realización y satisfacción antes de retirarse dormido. "Venid ante mí con cánticos y acción de gracias". "Entrad por sus puertas con acción de gracias y por sus atrios con alabanzas". Tu estado de ánimo antes de dormir define tu estado de conciencia cuando entras en presencia de tu amante eterno, el subconsciente. Ella te ve exactamente como tú te sientes. Si, mientras te preparas para dormir, asumes y mantienes la conciencia del éxito sintiendo "tengo éxito", debes tener éxito. Túmbate boca arriba con la cabeza al mismo nivel que el cuerpo. Siente como si estuvieras en posesión de tu deseo y tranquilamente relájate en la inconsciencia.

"El que guarda a Israel no se adormecerá ni dormirá". Sin embargo "Él da sueño a su amado". El subconsciente nunca duerme. El sueño es la puerta por la que pasa la mente consciente, despierta, para unirse creativamente al subconsciente. El sueño oculta el acto creativo mientras que el mundo objetivo lo revela. En el sueño el hombre impresiona al subconsciente con su concepción de sí mismo.

¡Qué descripción más bella de este romance entre el consciente y el subconsciente que la que se relata en el "Cantar de los Cantares"! "De noche en mi lecho busqué al que ama mi alma.... Encontré al que ama mi alma; lo abracé y no quise soltarlo, hasta que lo llevé a la casa de mi madre y a la alcoba de la que me concibió."

Preparándote para dormir, te sientes en el estado del deseo realizado, y luego te relajas en la inconsciencia. Tu deseo realizado es aquel a quien buscas. Por la noche, en tu cama, busca la sensación del deseo realizado para que puedas llevarlo contigo a la cámara de la que te concibió, al sueño o al subconsciente que te dio forma, para que este deseo también pueda ser expresado. Esta es la manera de descubrir y conducir tus deseos al subconsciente. Siéntete en el estado del deseo realizado y duerme tranquilamente.

Noche tras noche debes asumir el sentimiento de ser, tener y presenciar aquello que buscas ser, poseer y ver manifestado. Nunca te vayas a dormir sintiéndote desanimado o insatisfecho. Nunca duermas con la conciencia del fracaso. Tu subconsciente, cuyo estado natural es el sueño, te ve como tú crees que eres, y ya sea bueno, malo o indiferente, el subconsciente encarnará fielmente tu creencia. Tal como te sientes así la impresionas; y ella, la amante perfecta, da forma a estas impresiones y las exterioriza como hijos de su amado.

"Tú eres toda hermosa, mi amor; no hay mancha en ti", es la actitud mental que debes adoptar antes de dormir. Haz caso omiso de las apariencias y siente que las cosas son como deseas que sean, pues "Él llama a las cosas que no se ven como si se vieran, y lo que no se ve se hace visible." Asumir el sentimiento de satisfacción es llamar a la existencia de condiciones que reflejarán la satisfacción. "Los signos siguen, no preceden". La prueba de que eres seguirá a la conciencia de que eres; no la precederá.

Eres un soñador eterno que sueña sueños no eternos. Tus sueños toman forma a medida que asumes el sentimiento de su realidad. No te limites al pasado. Sabiendo que nada es imposible para la conciencia comienza a imaginar estados más allá de las experiencias del pasado. Todo lo que la mente del hombre puede imaginar, el hombre puede realizarlo. Todos los estados objetivos (visibles) fueron primero estados subjetivos (invisibles), y tú los llamaste estados visibles asumiendo el sentimiento de su realidad. El proceso creativo es primero imaginar y luego creer en el estado imaginado. Imagina y espera siempre lo mejor.

El mundo no puede cambiar hasta que cambies tu concepción de él. "Como es dentro es fuera". Tanto las naciones como las personas son sólo lo que tú crees que son. No importa cuál sea el problema, no importa dónde esté, no importa a quién afecte, no tienes a nadie a quien cambiar excepto a ti mismo, y no tienes ni oponente ni ayudante para provocar el cambio dentro de ti. No tienes nada más que hacer que convencerte de la verdad de aquello que deseas ver manifestado. En cuanto consigues convencerte de la realidad del estado que buscas, los resultados confirman tu creencia. Nunca sugieres a otro el estado que deseas que exprese, sino que te convences de que ya es lo que deseas que sea.

La realización de tu deseo se logra asumiendo el sentimiento del deseo cumplido. No puedes fracasar si no te convences de la realidad de tu deseo. Un cambio de creencia se confirma con un cambio de expresión. Cada noche, al dormirte, siéntete satisfecho y sin mancha, porque tu amante subjetivo siempre forma el mundo objetivo a imagen y semejanza de tu concepción de él, la concepción definida por tu sentimiento.

Los dos tercios de tu vida terrena, cuando estás despierto, siempre corroboran o dan testimonio de tus impresiones subconscientes. Las acciones y los acontecimientos del día son efectos; no son causas. El libre albedrío es sólo libertad de elección. "Elegid hoy a quién serviréis" es vuestra libertad de elegir el tipo de estado de ánimo que asumís; pero la expresión del estado de ánimo es el secreto del subconsciente. El subconsciente recibe impresiones sólo a través de los sentimientos del hombre y, de una manera que sólo él conoce, da a estas impresiones forma y expresión. Las acciones del hombre están determinadas por sus impresiones subconscientes. Su ilusión de libre albedrío, su creencia en la libertad de acción, no es más que la ignorancia de las causas que le hacen actuar. Se cree libre porque ha olvidado el vínculo entre él y el hecho.

El hombre despierto está obligado a expresar sus impresiones subconscientes. Si en el pasado se impresionó imprudentemente, que empiece a cambiar su pensamiento y sentimiento, pues sólo al hacerlo cambiará su mundo. No pierda ni un momento en lamentarse, pues pensar con sentimiento en los errores del pasado es reinfectarse. "Deja que los muertos entierren a los muertos". Apártate de las apariencias y asume el sentimiento que sería tuyo si ya fueras el que deseas ser.

Sentir un estado produce ese estado. El papel que interpretas en el escenario del mundo está determinado por la concepción que tienes de ti mismo. Al sentir tu deseo cumplido y relajarte tranquilamente en el sueño, te pones en el papel de estrella que representarás mañana en la Tierra, y mientras duermes eres ensayado e instruido en tu papel.

La aceptación del fin quiere automáticamente los medios de realización. No te equivoques. Si, mientras te preparas para dormir, no te sientes conscientemente en el estado del deseo respondido, entonces llevarás contigo a la cámara de la que te concibió la suma total de las reacciones y sentimientos del día de vigilia; y mientras duermes serás instruido en la manera en que se expresarán mañana. Te levantarás creyendo que eres un agente libre, sin darte cuenta de que cada acción y acontecimiento del día está predeterminado por el concepto que tenías de ti mismo mientras dormías. Tu única libertad entonces es tu libertad de reacción. Eres libre de elegir cómo te sientes y cómo reaccionas ante el drama del día, pero el drama -las acciones, los acontecimientos y las circunstancias del día- ya está determinado.

A menos que definas consciente y deliberadamente la actitud mental con la que te vas a dormir, inconscientemente te vas a dormir con la actitud mental compuesta por todos los sentimientos y reacciones del día. Cada reacción produce una impresión subconsciente y, a menos que sea contrarrestada por un sentimiento opuesto y más dominante, es la causa de la acción futura.

Las ideas envueltas en sentimientos son acciones creativas. Utiliza sabiamente tu derecho divino. A través de tu capacidad de pensar y sentir tienes dominio sobre toda la creación.

Mientras estás despierto eres un jardinero seleccionando semillas para tu jardín, pero "Si el grano de trigo no cae en tierra y muere, queda él solo; pero si muere, da mucho fruto." La concepción que tienes de ti mismo cuando te duermes es la semilla que dejas caer en la tierra del subconsciente. Dormirte sintiéndote satisfecho y feliz hace que aparezcan en tu mundo condiciones y acontecimientos que confirman estas actitudes mentales.

El sueño es la puerta del cielo. Lo que tomas como un sentimiento lo sacas como una condición, acción u objeto en el espacio. Así que duerme en el sentimiento del deseo cumplido. "Como en la conciencia así en la tierra".

PREGUNTAS Y RESPUESTAS DE REFLEXIÓN

1. ¿Qué papel juega el sueño en la relación entre la mente consciente y la subconsciente?

- **Respuesta:** El sueño es la puerta natural al subconsciente. Durante el sueño, la mente consciente se vuelve hacia el interior y deja impresiones en el subconsciente, que luego moldea el mundo externo en respuesta a esas impresiones. El sueño permite que el consciente y el subconsciente se unan creativamente, formando la base de nuestras experiencias de vida.

-

2. ¿Cómo afecta a tu vida de vigilia el sentimiento que llevas al dormir?

- **Respuesta:** La sensación con la que te quedas dormido influye directamente en tu subconsciente, que luego la expresa en tu vida de vigilia. Si te vas a dormir sintiéndote exitoso o realizado, tu subconsciente manifestará esos sentimientos como eventos o condiciones en tu vida. Por el contrario, irte a dormir sintiendo emociones negativas como arrepentimiento o fracaso producirá resultados indeseables.

-

3. ¿Por qué es importante asumir la sensación del deseo cumplido antes de dormir?

- **Respuesta:** Suponer que el sentimiento del deseo cumplido se cumple antes de dormir garantiza que el subconsciente reciba esta impresión positiva. Dado que el subconsciente crea en función de lo que le impresiona, aferrarse a la sensación del deseo cumplido le permite al subconsciente convertir ese estado en realidad. Esta práctica alinea tus emociones con tus deseos, lo que conduce a la manifestación.

-

4. ¿Qué representa el subconsciente en el proceso creativo y cómo responde a la mente consciente?

- **Respuesta:** El subconsciente representa la fuerza receptiva y creativa que da forma a las impresiones que recibe de la mente consciente. No cuestiona ni analiza, sino que reproduce fielmente los sentimientos e ideas que la mente consciente le imprime, manifestándolos en el mundo exterior. El subconsciente actúa más como un amante, respondiendo a la persuasión que a las órdenes.

-

5. ¿Cómo puede la práctica de controlar tus sentimientos antes de dormir cambiar tu vida?

- **Respuesta:** Al controlar tus sentimientos antes de dormir, puedes asegurarte de que estás impresionando a tu subconsciente con estados positivos y deseables. Dado que el subconsciente manifiesta aquello con lo que se impresiona, controlar tus sentimientos te permite moldear conscientemente tu destino. Esta práctica puede conducir a cambios profundos en tu mundo exterior al alinear tu estado interior con tus deseos.

-

6. ¿Qué pasa si te vas a dormir con sentimientos no resueltos de insatisfacción o fracaso?

- **Respuesta:** Si te vas a dormir con sentimientos de insatisfacción o fracaso, el subconsciente reproducirá estos sentimientos como circunstancias indeseables en tu vida de vigilia. El subconsciente toma como modelo tus últimos pensamientos y sentimientos de vigilia, por lo que las emociones negativas no resueltas pueden conducir a resultados negativos.

-

7. ¿Por qué se dice que el sueño es la puerta al cielo?

- **Respuesta:** Se dice que el sueño es la puerta al cielo porque proporciona acceso a la mente subconsciente, donde tiene lugar la creación. El sentimiento que llevamos al dormir se manifiesta en forma de condiciones o acontecimientos en el mundo exterior, de forma muy similar a cómo el cielo manifiesta nuestros deseos más íntimos. En este sentido, el sueño nos permite dar forma a nuestra realidad alineando nuestro estado interior con nuestros deseos.

-

8. ¿Cómo puedes utilizar el sueño para transformar tus circunstancias de vida?

- **Respuesta:** Puedes utilizar el sueño para transformar las circunstancias de tu vida asumiendo conscientemente la sensación de que tu deseo se ha cumplido al quedarte dormido. Al sentirte satisfecho, exitoso o en posesión de tus deseos antes de dormir, imprimes estos estados en el subconsciente. El subconsciente luego expresará estas impresiones en tu vida de vigilia, provocando los cambios que deseas.

CAPÍTULO TRES
ORACIÓN

La oración, como el sueño, es también una entrada en el subconsciente. "Cuando ores, entra en tu armario, y cuando hayas cerrado la puerta, ora a tu Padre que está en secreto y tu Padre que está en secreto te recompensará abiertamente".

La oración es una ilusión del sueño que disminuye la impresión del mundo exterior y hace que la mente sea más receptiva a la sugestión del interior. En la oración, la mente se encuentra en un estado de relajación y receptividad similar al que se alcanza justo antes de dormirse.

La oración no es tanto lo que pides, sino cómo te preparas para recibirlo. "Todo lo que pidiereis, cuando oréis, creed que lo habéis recibido, y lo tendréis". La única condición requerida es que creas que tus oraciones ya se han realizado.

Tu oración debe ser respondida si asumes el sentimiento que sería tuyo si ya estuvieras en posesión de tu objetivo. En el momento en que aceptas el deseo como un hecho consumado, el subconsciente encuentra los medios para su realización. Para orar con éxito, entonces, debes ceder al deseo, es decir, sentir el deseo cumplido.

El hombre perfectamente disciplinado siempre está en sintonía con el deseo como un hecho consumado. Sabe que la conciencia es la única realidad, que las ideas y los sentimientos son hechos de conciencia y son tan reales como los objetos en el espacio; por lo tanto, nunca alberga un sentimiento que no contribuya a su felicidad, ya que los sentimientos son las causas de las acciones y circunstancias de su vida. Por otra parte, al hombre indisciplinado le resulta difícil creer lo que niegan los sentidos y suele aceptar o rechazar únicamente las apariencias de los sentidos. Debido a esta tendencia a confiar en la evidencia de los sentidos, es necesario dejarlos fuera antes de empezar a orar, antes de intentar sentir aquello que niegan. Siempre que te encuentres en el estado de ánimo: "Me gustaría pero no puedo", cuanto más te esfuerces menos serás capaz de ceder al deseo. Nunca atraes aquello que deseas, sino que siempre atraes aquello de lo que eres consciente.

La oración es el arte de asumir la sensación de ser y de tener lo que se desea. Cuando los sentidos confirman la ausencia de tu deseo, todo esfuerzo consciente para contrarrestar esta sugestión es inútil y tiende a intensificar la sugestión.

La oración es el arte de ceder al deseo y no de forzarlo. Siempre que tu sentimiento esté en conflicto con tu deseo, el sentimiento será el vencedor. El sentimiento dominante se expresa invariablemente. La oración debe ser sin esfuerzo. Al intentar fijar una actitud mental negada por los sentidos, el esfuerzo es fatal.

Para ceder con éxito al deseo como un hecho consumado, debes crear un estado pasivo, una especie de ensueño o reflexión meditativa similar a la sensación que precede al sueño. En ese estado de relajación, la mente se aparta del mundo objetivo y percibe fácilmente la realidad de un estado subjetivo. Es un estado en el que se es consciente y bastante capaz de moverse o abrir los ojos, pero no se tiene ningún deseo de hacerlo.

Una forma fácil de crear este estado pasivo es relajarse en una silla cómoda o en una cama. Si estás en la cama, túmbate boca arriba con la cabeza a la altura del cuerpo, cierra los ojos e imagina que tienes sueño. Siente: tengo sueño, mucho sueño, mucho sueño. Al poco rato le envuelve una sensación de lejanía acompañada de una lasitud general y la pérdida de todo deseo de moverse. Usted se siente en un descanso agradable y confortable y no se siente inclinado a alterar su posición, aunque en otras circunstancias no estaría en absoluto cómodo. Cuando alcance este estado pasivo, imagine que ha realizado su deseo, no cómo lo ha realizado, sino simplemente el deseo cumplido. Imagina en forma de imagen lo que deseas conseguir en la vida; luego siente que ya lo has conseguido. Los pensamientos producen pequeños movimientos del habla que pueden oírse en el estado pasivo de la oración como pronunciamientos del exterior. Sin embargo, este grado de pasividad no es esencial para la realización de tus oraciones. Todo lo que es necesario es crear un estado pasivo y sentir el deseo cumplido.

Todo lo que puedas necesitar o desear ya es tuyo. No necesitas ningún ayudante que te lo dé; ahora es tuyo. Haz realidad tus deseos imaginando y sintiendo cómo se cumplen. Cuando aceptas el fin, te vuelves totalmente indiferente al posible fracaso, porque la aceptación del fin quiere los medios para ese fin. Cuando sales del momento de oración, es como si te hubieran mostrado el final feliz y exitoso de una obra de teatro, aunque no te hubieran mostrado cómo se logró ese final. Sin embargo, habiendo presenciado el final, independientemente de cualquier secuencia anticlimática, permaneces tranquilo y seguro sabiendo que el final ha sido perfectamente definido.

PREGUNTAS Y RESPUESTAS DE REFLEXIÓN

1. ¿Cuál es la relación entre la oración y la mente subconsciente?

- Respuesta: La oración, al igual que el sueño, es un medio para acceder a la mente subconsciente. Cuando rezas, entras en un estado de relajación mental y receptividad que permite al subconsciente recibir impresiones. Estas impresiones, cuando se aceptan como hechos consumados, son manifestadas por el subconsciente en el mundo exterior.

-

2. ¿En qué se diferencia la oración de simplemente pedir algo?

- Respuesta: La oración no consiste en pedir algo, sino en prepararse para recibirlo. Implica asumir la sensación del deseo cumplido, en lugar de centrarse en la falta de lo deseado. Al creer que tu deseo ya se ha cumplido, permites que el subconsciente lo convierta en realidad.

-

3. ¿Por qué es necesario aislar los sentidos durante la oración?

- **Respuesta:** Los sentidos a menudo niegan la realidad de tu deseo porque se basan en apariencias externas. Para orar con éxito, es necesario aislar los sentidos y concentrarse en el interior, en la sensación del deseo cumplido. La mente debe desprenderse del mundo físico para acceder al poder creativo más profundo del subconsciente.

-

4. ¿Qué significa "ceder" al deseo en la oración?

- **Respuesta:** Ceder al deseo significa dejar de lado el esfuerzo y la lucha y permitirse sentir como si el deseo ya se hubiera cumplido. Es un proceso de aceptación pasiva, en el que dejas de intentar forzar el deseo y, en cambio, confías en que ya se ha cumplido dentro del subconsciente.

-

5. ¿Por qué se considera que el esfuerzo es fatal en la práctica de la oración?

- **Respuesta:** El esfuerzo crea resistencia porque implica que no crees que el deseo ya se ha cumplido. En la oración, los sentimientos dominan, y si hay conflicto entre tu esfuerzo y tu sentimiento, el sentimiento ganará. Por lo tanto, la oración más eficaz es aquella en la que no se hace esfuerzo, en la que permites que el sentimiento del deseo cumplido se apodere de ti.

-

6. ¿Cuál es el papel del estado pasivo en la oración y cómo puede lograrse?

- **Respuesta:** El estado pasivo es esencial para cumplir el deseo en la oración porque hace que la mente sea más receptiva a las impresiones internas. Se puede lograr relajándose físicamente, ya sea sentado o acostado, y entrando mentalmente en un estado similar al sueño. En este estado, la mente se desvincula del mundo exterior, lo que hace que sea más fácil imaginar el deseo cumplido.

-

7. ¿Cómo afecta la aceptación del resultado final al resultado de la oración?

- **Respuesta:** Aceptar el resultado final como ya logrado permite al subconsciente encontrar los medios para lograrlo. Una vez aceptado el fin, nos volvemos indiferentes al fracaso y ya no nos preocupamos por cómo se producirá el resultado. Esta aceptación serena garantiza que el subconsciente producirá el resultado deseado.

\-

8. ¿En qué debes concentrarte durante la oración para lograr el resultado deseado?

- Respuesta: Durante la oración, debes concentrarte en la sensación de haber alcanzado ya el resultado deseado. En lugar de pensar en cómo se hará realidad el deseo, debes visualizar y sentir como si el deseo ya se hubiera cumplido. Este enfoque en el resultado final alinea tu subconsciente con tus deseos y los convierte en realidad.

\-

9. ¿Por qué se dice que "todo lo que puedas necesitar o desear ya es tuyo"?

- Respuesta: Esta afirmación refleja la idea de que todo lo que deseas existe en el reino de la conciencia y puede manifestarse mediante el uso adecuado de la imaginación y los sentimientos. Al alinear tus sentimientos con tus deseos y aceptarlos como ya realizados, los incorporas a tu experiencia física.

\-

10. ¿Cómo puede la oración ayudarnos a permanecer tranquilos y seguros, incluso si la situación externa aún no ha cambiado?

- Respuesta: La oración te ayuda a mantener la calma y la seguridad al permitirte aceptar el resultado final de tu deseo como ya cumplido. Una vez que hayas experimentado el cumplimiento de tu deseo en la oración, podrás permanecer impasible ante las apariencias externas, sabiendo que el resultado deseado es inevitable y se realizará a su debido tiempo.

CAPÍTULO CUATRO
ESPÍRITU—SENTIMIENTO

"No por la fuerza, ni por el poder, sino por mi espíritu, dice el Señor de los ejércitos". Entra en el espíritu del estado deseado asumiendo el sentimiento que sería tuyo si ya fueras el que quieres ser. A medida que captas el sentimiento del estado buscado, te liberas de todo esfuerzo para hacerlo así, porque ya lo es. Hay un sentimiento definido asociado con cada idea en la mente del hombre. Capta el sentimiento asociado con tu deseo realizado asumiendo el sentimiento que sería tuyo si ya estuvieras en posesión de la cosa que deseas, y tu deseo se objetivará.

La fe es sentimiento. "Según vuestra fe (sentimiento) os sea hecho". Nunca atraes aquello que deseas, sino siempre aquello que eres. Como un hombre es, así ve. "Al que tiene se le dará y al que no tiene se le quitará...." Aquello que sientes ser lo eres, y se te da aquello que eres. Así que asume el sentimiento que sería tuyo si ya estuvieras en posesión de tu deseo, y tu deseo debe realizarse. "Así creó Dios al hombre a su imagen, a imagen de Dios lo creó". "Haya, pues, en vosotros este sentir que hubo también en Cristo Jesús, el cual, siendo en forma de Dios, no estimó el ser igual a Dios como cosa a que aferrarse". Tú eres aquello que crees ser. En vez de creer en Dios o en Jesús-crea que usted es Dios o que usted es Jesús. "El que cree en mí, las obras que yo hago, él también las hará" debería ser "El que cree como yo creo, las obras que yo hago, él también las hará". A Jesús no le parecía extraño hacer las obras de Dios porque se creía Dios. "Yo y mi Padre somos uno". Es natural hacer las obras de quien uno cree ser. Vive, pues, en el sentimiento de ser el que quieres ser y que serás.

Cuando un hombre cree en el valor de los consejos que se le dan y los aplica, establece en sí mismo la realidad del éxito.

PREGUNTAS Y RESPUESTAS DE REFLEXIÓN

1. ¿Qué significa "entrar en el espíritu del estado deseado"?

- **Respuesta:** "Entrar en el estado deseado" significa asumir la sensación que tendrías si ya estuvieras en posesión de tu deseo. Se trata de abrazar emocionalmente la realidad de lo que quieres antes de que se manifieste físicamente. Al capturar la sensación asociada con la realización de tu deseo, te alineas con ese estado, haciendo que su cumplimiento sea inevitable.

-

2. ¿Cómo se relaciona la fe con el sentimiento en este capítulo?

- **Respuesta:** En este capítulo, la fe se describe como un sentimiento. La idea es que tu fe, o creencia en algo, se refleja en cómo te sientes al respecto. "Conforme a tu fe te sea hecho" significa que tu realidad externa no está determinada por lo que deseas, sino por cuán profundamente sientes y crees en tu estado actual. Por lo tanto, lo que eres está determinado por cómo te sientes acerca de ti mismo.

-

3. ¿Por qué no atraemos lo que queremos, sino lo que somos?

- **Respuesta:** Atraemos lo que somos porque nuestro mundo exterior refleja nuestro estado interior de ser. El mero hecho de desear algo implica una sensación de carencia, lo que hace que la ausencia de ese deseo se refuerce. Sin embargo, cuando sientes que ya posees lo que deseas, encarnas ese estado y la mente subconsciente trabaja para traer esa sensación a tu experiencia física.

-

4. ¿Cómo se aplica la cita "Como el hombre es, así ve" al proceso de manifestación?

- **Respuesta:** Esta cita enfatiza que nuestra percepción del mundo está determinada por nuestro estado interno. Si sientes abundancia, verás abundancia en tu vida. Si sientes carencia, verás carencia. Tu realidad externa es un reflejo directo de tus creencias y sentimientos internos sobre ti mismo y el mundo que te rodea.

-

5. ¿Cuál es el significado de la frase "El que en mí cree, las obras que yo hago, él las hará también"?

- **Respuesta:** Esta frase se reinterpreta en el capítulo para significar que si crees como Jesús creía —que él y el Padre eran uno— tú también harás las obras que él hizo. Significa que el poder de crear y manifestar reside en ti, siempre y cuando creas en tu unidad con Dios o en la fuerza creativa que hay en tu interior. Esta creencia te da el poder para hacer realidad tus deseos.

-

6. ¿Cómo puedes aplicar el concepto de asumir el sentimiento de tu deseo cumplido en la vida diaria?

- **Respuesta:** Puedes aplicar este concepto cultivando deliberadamente las emociones y sentimientos que se alinean con el hecho de haber logrado tu deseo. Por ejemplo, si deseas tener éxito, puedes practicar el sentimiento de éxito, confianza y satisfacción, incluso si tus circunstancias externas aún no lo reflejan. Al encarnar constantemente el sentimiento de tu deseo cumplido, preparas el terreno para que se manifieste en tu vida.

-

7. ¿Qué papel juega la creencia en el logro del éxito, según el capítulo?

- **Respuesta:** La creencia juega un papel crucial en la consecución del éxito, ya que es la base de tu estado interior. Cuando crees en el consejo o método que te han dado y lo aplicas, creas en ti mismo las condiciones necesarias para el éxito. Tu creencia, combinada con el sentimiento adecuado, establece la realidad de tu éxito.

-

8. ¿Por qué es importante vivir en el sentimiento de ser quien quieres ser?

- **Respuesta:** Es importante vivir en la sensación de ser quien quieres ser, porque esa sensación es la que crea tu realidad. Cuando asumes la sensación de ser la persona que aspiras a ser, cambias tu conciencia y tu mundo exterior comienza a reflejar ese nuevo estado de ser. Ésta es la esencia del proceso de manifestación: la sensación precede a la forma.

-

9. ¿Qué sugiere el capítulo acerca de la naturaleza de las obras de Jesús y cómo se relacionan con la creencia?

- **Respuesta:** El capítulo sugiere que las obras de Jesús no eran extraordinarias para él porque él se creía Dios. Su creencia en su unidad con Dios le permitía realizar milagros de manera natural. De manera similar, si usted cree en su unidad con el poder divino o creador, usted también puede realizar grandes obras y manifestar sus deseos sin esfuerzo.

-

10. ¿Cómo puedes cultivar la creencia de que eres la persona que deseas ser?

- **Respuesta:** Puedes cultivar esta creencia practicando la sensación de que ya eres esa persona. Esto puede implicar visualización, afirmaciones o simplemente encarnar las emociones y actitudes de alguien que ya ha alcanzado el estado deseado. Con el tiempo, esta sensación y creencia repetidas se solidificarán en tu subconsciente, lo que dará lugar a la manifestación externa de tu deseo.

TEMAS CLAVE

EL PODER DE LA MENTE SUBCONSCIENTE

El poder de la mente subconsciente es uno de los temas más impactantes de Sentir es el secreto. Neville Goddard hace hincapié en la distinción entre la mente consciente y la subconsciente. Según Goddard, la mente subconsciente es la verdadera fuente de toda creación. Funciona como el medio a través del cual los pensamientos, sentimientos y deseos de la mente consciente se traducen en la realidad física.

A diferencia de la mente consciente, que es selectiva y deliberada, el subconsciente es no selectivo e impersonal. No distingue entre pensamientos y sentimientos positivos o negativos, simplemente manifiesta lo que se le imprime. Esto significa que el subconsciente es como un suelo fértil, capaz de cultivar cualquier semilla, en forma de emociones y creencias, que plante la mente consciente.

Las enseñanzas de Goddard ponen de relieve el poder y la responsabilidad que tienen los individuos a la hora de moldear su realidad a través de sus pensamientos y sentimientos. Puesto que el subconsciente responde sin prejuicios, es esencial impresionarlo con emociones constructivas y deseables. Tanto si uno se centra en el miedo, la duda o la positividad y el éxito, el subconsciente dará vida a estas impresiones, lo que subraya la necesidad de la disciplina emocional y el pensamiento consciente. Mediante el uso correcto de la mente consciente, las personas pueden dirigir conscientemente su subconsciente para manifestar la vida que desean.

-

EL SENTIMIENTO COMO CLAVE DE LA MANIFESTACIÓN

El sentimiento como clave de la manifestación es un concepto central en la filosofía de Neville Goddard. Enseña que los sentimientos no sólo son importantes, sino que son el medio principal a través del cual se impresiona a la mente subconsciente. Para Goddard, no basta con que una persona piense en un deseo o lo visualice mentalmente; el verdadero poder reside en sentir como si el deseo ya se hubiera cumplido.

Este tema subraya la idea de que las emociones conllevan una fuerza creativa única. Cuando un individuo siente la realidad de su deseo como si ya fuera cierto, la mente subconsciente se ve profundamente afectada por este estado emocional y comienza a manifestar esa realidad. En otras palabras, las emociones sirven de puente entre el pensamiento y la manifestación física.

Las enseñanzas de Goddard subrayan que la disciplina de los sentimientos es esencial. Sin dominar las propias respuestas emocionales y aprender a generar los sentimientos alineados con los resultados deseados, una persona corre el riesgo de impresionar a su subconsciente con emociones negativas o conflictivas, lo que puede conducir a resultados no deseados. Por lo tanto, según Goddard, cultivar la capacidad de sentir la realidad deseada -ya sea el éxito, la salud o la felicidad- crea las condiciones necesarias para que esa realidad se materialice. Este principio destaca la importancia de la alineación emocional en el proceso de manifestación, haciendo de los sentimientos la clave para desbloquear el potencial creativo de la mente subconsciente.

-

IMAGINACIÓN Y VISUALIZACIÓN

La imaginación y la visualización desempeñan un papel fundamental en las enseñanzas de Neville Goddard sobre la creación. Goddard hace especial hincapié en el poder de la imaginación, afirmando que es a través de la capacidad de la mente consciente para generar imágenes mentales claras y vívidas como los individuos inician el proceso de manifestación. Sin embargo, estas imágenes mentales por sí solas no bastan para hacer realidad los deseos.

Según Goddard, estas imágenes deben ir acompañadas de las emociones apropiadas, en concreto, los sentimientos que uno experimentaría si el resultado deseado ya se hubiera conseguido.

En este marco, la imaginación sirve de lienzo sobre el que se pinta la realidad deseada, mientras que los sentimientos actúan como la energía emocional que anima y da vida a estas imágenes mentales. La combinación de visualización y emoción crea una poderosa impresión en la mente subconsciente. Como la mente subconsciente no distingue entre lo que es real y lo que es vívidamente imaginado, acepta estas imágenes emocionalizadas como realidad y comienza a manifestarlas en el mundo físico.

Goddard enseña que cuanto más clara y cargada de emociones sea la imagen mental, más fuerte será la impresión en el subconsciente y, por tanto, más eficaz será el proceso de manifestación. Por eso insiste en la importancia de una imaginación vívida y una profunda implicación emocional a la hora de visualizar los resultados deseados.

Mediante la práctica constante de esta técnica, una persona puede impresionar a su subconsciente con las condiciones exactas que desea experimentar y, en última instancia, moldear su realidad de acuerdo con sus deseos.

Este proceso subraya la idea central de la filosofía de Goddard: la mente consciente, a través del poder de la imaginación y los sentimientos, tiene la capacidad de dirigir a la mente subconsciente para que manifieste nuestros deseos. Gracias a esta combinación de visualización y alineación emocional, las personas pueden aprovechar el poder creativo de su subconsciente para dar vida a sus objetivos y aspiraciones.

-

EL PAPEL DEL SUEÑO Y LA ORACIÓN

El Papel del Sueño y la Oración es otro tema poderoso e impactante en las enseñanzas de Neville Goddard. Explica que tanto el sueño como la oración sirven como herramientas críticas para influir en la mente subconsciente. Según Goddard, cuando una persona duerme, la mente consciente se retira del mundo de la vigilia y cede el control, haciendo que la mente subconsciente sea más accesible e impresionable. Esta mayor receptividad durante el sueño permite al subconsciente absorber los sentimientos y emociones experimentados antes de dormirse y actuar en consecuencia.

Goddard subraya la importancia de irse a dormir con la sensación de que un deseo ya se ha cumplido. Al hacerlo, los individuos plantan las semillas de sus deseos en el terreno fértil de la mente subconsciente. A medida que el subconsciente trabaja durante el sueño, comienza el proceso de manifestar esos deseos en la realidad física.

Goddard enseña que los momentos previos al sueño son una poderosa oportunidad para impresionar al subconsciente, instando a los lectores a centrarse en el estado emocional de tener ya lo que desean, ya sea éxito, salud o felicidad. Esta práctica deliberada alinea la mente subconsciente con el sentimiento de plenitud, preparando el terreno para la realización de los propios objetivos.

Del mismo modo, Goddard compara la oración con un estado mental similar al sueño. En la oración, la persona se aleja de las distracciones del mundo exterior y entra en un estado de relajación y concentración, en el que la mente consciente se aparta temporalmente. En este estado, se anima a la persona a centrarse por completo en el resultado deseado, sintiéndolo como si ya se hubiera logrado. De este modo, la oración se convierte en un proceso activo que influye en la mente subconsciente con el mismo poder que el sueño.

Tanto en el sueño como en la oración, la clave está en sentir la realidad del deseo cumplido. Goddard afirma que el subconsciente no distingue entre lo real y lo imaginado con convicción; simplemente trabaja para manifestar las emociones y creencias que se le imprimen. Mediante estas prácticas, las personas pueden aprovechar el poder creativo del subconsciente, utilizando el sueño y la oración como puertas de entrada para dar forma a su realidad y hacer realidad sus deseos.

\-

LA UNIDAD DE LA CONCIENCIA

La Unidad de la Conciencia es un concepto fundamental en las enseñanzas de Neville Goddard. Explora la idea de que, aunque la conciencia pueda parecer dividida en dos aspectos -consciente y subconsciente-, en última instancia es una fuerza unificada.

Goddard describe la mente consciente como la parte activa y deliberada de la conciencia que genera ideas, mientras que la mente subconsciente funciona como el aspecto pasivo pero poderoso que lleva esas ideas a la manifestación física.

Goddard compara esta relación dinámica entre las mentes consciente y subconsciente con la interacción entre lo masculino y lo femenino. En esta analogía, la mente consciente desempeña el papel masculino, actuando como iniciadora o generadora de ideas y deseos. Es a través del pensamiento consciente, la intención y el sentimiento que un individuo da forma a sus deseos y los proyecta hacia el exterior. La mente subconsciente, por su parte, asume el papel femenino, recibiendo las ideas que le imprime la mente consciente y alimentándolas hasta hacerlas realidad. El subconsciente es responsable de dar forma y expresión a los pensamientos y emociones que ha absorbido, de forma parecida a como lo femenino nutre la vida para que exista.

Esta interacción entre los dos aspectos de la conciencia es esencial para comprender el proceso de manifestación. Para que los deseos se hagan realidad, debe haber cooperación entre las mentes consciente y subconsciente. La mente consciente debe imprimir ideas claras y cargadas de emoción en el subconsciente, que luego, en su naturaleza receptiva y no selectiva, lleva fielmente esas ideas a buen término. Esta colaboración sin fisuras ilustra la creencia de Goddard en la unidad de la conciencia como fuerza motriz de toda creación.

Además, Goddard subraya que la relación entre las mentes consciente y subconsciente no es de fuerza o dominación, sino de armonía y cooperación. La mente consciente no domina al subconsciente, sino que le inculca suavemente ideas a través de los sentimientos y la imaginación. El subconsciente, a su vez, responde materializando esas impresiones, ya sean positivas o negativas, en función de los sentimientos y creencias dominantes en la mente consciente.

Este concepto de unidad es fundamental porque revela que ambos aspectos de la conciencia forman parte integral del proceso creativo. Al comprender y dominar esta unidad, los individuos pueden controlar deliberadamente sus pensamientos y sentimientos, asegurándose de que imprimen en el subconsciente las emociones y deseos que desean experimentar en su mundo exterior. La exploración de Goddard de la unidad de la conciencia pone de relieve la relación interdependiente entre pensamiento y emoción, mente y materia, en la configuración de la propia realidad.

-

LA LEY DE LA ASUNCIÓN

La Ley de la Asunción es un tema central y recurrente en las enseñanzas de Neville Goddard.

Este principio afirma que al asumir el sentimiento de un deseo ya cumplido, un individuo activa el inmenso poder creativo de la mente subconsciente. Goddard explica que el subconsciente no opera basándose en la lógica o en la realidad externa, sino que responde directamente a los sentimientos y creencias que se le imprimen. Por lo tanto, la clave de la manifestación reside en adoptar el estado emocional que uno experimentaría si su deseo ya se hubiera hecho realidad.

Según la ley de la suposición, las personas deben vivir y pensar como si sus deseos ya fueran una realidad. Esto significa cultivar una mentalidad en la que el resultado deseado no es algo que haya que esperar en el futuro, sino algo que ya se ha logrado en el momento presente. Goddard enseña que la mente subconsciente, cuando se impresiona con la sensación de un deseo cumplido, trabajará para manifestar esa realidad en el mundo exterior. No le preocupa cómo se realizará el deseo; su papel es simplemente llevar a la existencia física la realidad emocional que asume la mente consciente.

La ley de la asunción anima a los lectores a alinearse mental y emocionalmente con los resultados deseados. En lugar de centrarse en la falta o ausencia de lo que desean, se les enseña a encarnar los sentimientos, pensamientos y acciones que tendrían si su deseo ya se hubiera realizado. Este cambio de mentalidad es esencial, ya que la mente subconsciente es muy receptiva a las emociones y creencias, no sólo a los deseos intelectuales. Al adoptar plenamente el estado de ya tener o ser lo que desean, las personas imprimen esta creencia en el subconsciente, poniendo en marcha el proceso de manifestación.

La ley de la suposición de Goddard es una guía práctica para transformar los deseos en realidad. Destaca que no son las circunstancias externas las que determinan el éxito, sino el estado interior de conciencia. Cuando las personas asumen la sensación de que su deseo se ha cumplido, crean una poderosa resonancia entre su estado interno y el mundo externo, lo que garantiza que sus deseos se manifestarán. La ley de la asunción destaca la importancia de la convicción emocional y la creencia en el proceso de creación, lo que la convierte en una piedra angular de la filosofía de Goddard sobre la manifestación.

-

LA CONEXIÓN ENTRE LOS MUNDOS INTERIOR Y EXTERIOR

La conexión entre los mundos interior y exterior es un tema poderoso en las enseñanzas de Neville Goddard. Goddard hace hincapié en que la realidad externa de una persona es un reflejo directo de su conciencia interna. Esto significa que lo que los individuos experimentan en su mundo exterior -ya sean circunstancias, relaciones o acontecimientos- es una manifestación de sus pensamientos, sentimientos y creencias interiores. Goddard enseña que la mente subconsciente, que da forma a la realidad externa, funciona totalmente basada en las impresiones emocionales que recibe. Como resultado, lo que uno imprime en su subconsciente a través de sentimientos y creencias se materializará inevitablemente en su vida exterior.

Este principio se resume en la frase "como es dentro, es fuera". Goddard utiliza esta idea para ilustrar que el estado interior de conciencia es la verdadera fuente de todo lo que ocurre en el mundo exterior. Si una persona quiere cambiar sus circunstancias, primero debe mirar hacia dentro y transformar sus pensamientos, emociones y creencias. Tratar simplemente de alterar las condiciones externas sin abordar la causa interna es ineficaz, ya que el mundo exterior seguirá reflejando lo que domine en el subconsciente.

Goddard anima a las personas a reconocer el inmenso poder de su estado interno. Las emociones negativas como el miedo, la duda y la ansiedad sólo crearán circunstancias negativas, mientras que los sentimientos positivos de confianza, alegría y plenitud conducirán a resultados positivos.Por lo tanto, dominar el mundo interior es clave para dar forma a una realidad exterior deseable.Al cambiar conscientemente sus sentimientos y creencias para alinearlos con la realidad deseada, las personas pueden dirigir su mente subconsciente para manifestar circunstancias nuevas y más positivas.

Esta conexión entre los mundos interior y exterior sitúa la responsabilidad personal en el centro de la filosofía de Goddard.Enseña que las personas no son víctimas pasivas del destino o de fuerzas externas, sino que tienen el poder de moldear su propia realidad controlando lo que permiten que entre en su conciencia. En esencia, el mensaje de Goddard es que el mundo exterior no es más que un espejo del mundo interior, y al cambiar el interior, el exterior debe seguirle inevitablemente. Este tema refuerza la idea de que la verdadera transformación comienza en el interior, y que el yo interior tiene la llave para abrir una vida exterior satisfactoria y exitosa.

-

EL PELIGRO DE LAS EMOCIONES NEGATIVAS

El Peligro de las Emociones Negativas es un concepto crítico en las enseñanzas de Neville Goddard. Enfatiza que las emociones como el miedo, la duda y la preocupación no son sólo sentimientos fugaces, sino fuerzas poderosas que pueden dejar una impresión duradera en la mente subconsciente. Goddard explica que la mente subconsciente es impresionable y no selectiva, lo que significa que acepta todo lo que esté cargado emocionalmente, ya sea positivo o negativo. Por lo tanto, cuando las personas se obsesionan con las emociones negativas, corren el riesgo de imprimir esos estados indeseables en su subconsciente, que a su vez los manifestará en el mundo físico.

Según Goddard, las emociones negativas actúan como semillas que, una vez plantadas en el subconsciente, crecen hasta convertirse en resultados no deseados. Si una persona se centra con frecuencia en el miedo o la ansiedad ante el fracaso, la enfermedad o la escasez, en esencia está invitando a esas mismas condiciones a su vida.El subconsciente, siendo imparcial, no juzga si estas emociones son beneficiosas o perjudiciales; simplemente las toma como verdades y trabaja para manifestarlas en la realidad.

Para evitar las consecuencias negativas de tales emociones, Goddard aboga por la disciplina emocional. Enseña que los individuos deben evitar conscientemente dejarse llevar por pensamientos y sentimientos indeseables, ya que pueden convertirse fácilmente en dominantes y conducir a circunstancias no deseadas. En su lugar, anima a cultivar emociones positivas -como la confianza, la alegría y la satisfacción- que se alineen con los resultados deseados. El control emocional es clave para utilizar con éxito la mente subconsciente para crear una realidad satisfactoria.

Al dominar sus emociones y negarse a pensar en la negatividad, las personas pueden asegurarse de que en su subconsciente sólo queden impresiones constructivas y positivas. La advertencia de Goddard contra el poder de las emociones negativas subraya la responsabilidad que tiene cada persona de regular su mundo emocional interior, ya que influye directamente en su realidad exterior. Sus enseñanzas destacan la importancia de la conciencia emocional y del control deliberado, animando a las personas a sustituir el miedo y la duda por sentimientos que apoyen sus metas y deseos. De este modo, Goddard demuestra que la disciplina emocional es esencial no sólo para el bienestar personal, sino también para la manifestación exitosa.

\-

FE Y CREENCIA

La fe y la creencia son temas centrales en las enseñanzas de Neville Goddard sobre la manifestación. Goddard afirma que sin una creencia profunda e inquebrantable en la realidad de los propios deseos, la manifestación exitosa se hace imposible.

Para él, la fe no es sólo una esperanza pasiva en un resultado futuro, sino una convicción activa de que el resultado deseado ya existe en el momento presente. Esta certeza es lo que permite a los individuos impresionar eficazmente a la mente subconsciente, que, según Goddard, es la responsable de convertir las creencias internas en realidad externa.

Goddard subraya que la fe es más que una aceptación intelectual; es un conocimiento profundo y emocional de que lo que uno desea ya es cierto. Sin esta firme creencia, la mente subconsciente no puede dejarse impresionar adecuadamente. Esto se debe a que el subconsciente responde a las emociones y sentimientos asociados con la creencia, y si la duda o la incertidumbre están presentes, esas emociones conflictivas diluirán el poder de la impresión. Para que la manifestación funcione, Goddard enseña que los individuos deben encarnar plenamente el sentimiento de que su deseo ya se ha cumplido, imprimiendo así esa creencia en el subconsciente, que luego la llevará a la forma física.

Para reforzar sus enseñanzas sobre la fe, Goddard se refiere con frecuencia a pasajes bíblicos. Interpreta estos pasajes no sólo como doctrina religiosa, sino como principios metafísicos que encajan con su filosofía. Por ejemplo, las escrituras que enfatizan el poder de la fe y la creencia se utilizan para ilustrar que la sabiduría espiritual que se encuentra en la Biblia apoya la idea de que la creencia es la base para crear la realidad deseada. Pasajes como "Todo es posible para el que cree" y "Conforme a vuestra fe os sea hecho" son fundamentales en sus enseñanzas, ya que encierran la idea de que la fe es la fuerza motriz de toda creación.

Goddard considera que la fe trasciende las limitaciones de los sentidos físicos. Aunque las circunstancias externas parezcan contradecir los propios deseos, la persona debe mantener la fe en que su creencia interna acabará dando forma a su realidad externa. Este principio anima a las personas a confiar en lo invisible, sabiendo que su creencia está moldeando activamente su mundo, incluso cuando no hay pruebas inmediatas aparentes. Goddard enseña que este nivel de convicción es lo que separa la manifestación exitosa del fracaso.

La filosofía de Goddard sitúa la fe y la creencia en el corazón de la manifestación. Sin fe en el cumplimiento de los propios deseos, el proceso no puede funcionar como se pretende. La fe se convierte en el puente entre el pensamiento y la realidad, asegurando que la mente subconsciente se impregne de la certeza emocional necesaria para que los deseos fructifiquen. A través de sus enseñanzas, Goddard demuestra que la fe no es sólo un concepto abstracto, sino una herramienta práctica para transformar las creencias internas en experiencias externas.

-

RESPONSABILIDAD Y LIBRE ALBEDRÍO

La responsabilidad y el libre albedrío son conceptos clave en las enseñanzas de Neville Goddard sobre el poder de la mente y el proceso de manifestación. Goddard sugiere que los individuos son completamente responsables de las circunstancias de sus vidas porque tienen la capacidad de controlar sus pensamientos, sentimientos y creencias. Según su filosofía, los acontecimientos externos no se producen al azar, sino que son reflejos directos de la mente subconsciente, que manifiesta lo que se le ha inculcado. Así, aunque pueda parecer que la vida está influida por fuerzas externas, Goddard enseña que cada situación que experimenta una persona es, en última instancia, producto de su estado interno.

Goddard redefine la noción de libre albedrío. En lugar de creer que las personas tienen el poder de controlar directamente los acontecimientos y resultados del mundo exterior, sostiene que el verdadero libre albedrío reside en la capacidad de elegir qué pensamientos y sentimientos alberga la mente consciente. Es esta elección consciente la que determina lo que se imprime en el subconsciente, que a su vez da forma a la realidad externa. Desde este punto de vista, el libre albedrío es la libertad de elegir y centrarse en los pensamientos y emociones que se alinean con los propios deseos, en lugar de estar a merced de las circunstancias externas.

Este enfoque de la responsabilidad y el libre albedrío ofrece un profundo cambio de perspectiva. En lugar de ver los retos o éxitos externos como dictados por el azar o el destino, Goddard empodera a las personas enseñándoles que tienen la capacidad de influir en todos los aspectos de su vida dominando su mundo interior. Al asumir la responsabilidad de sus pensamientos y sentimientos, las personas pueden dirigir conscientemente su mente subconsciente para manifestar las experiencias que desean tener, en lugar de permitir que las emociones negativas o las creencias limitantes moldeen su realidad.

Las enseñanzas de Goddard sobre la responsabilidad y el libre albedrío proporcionan un marco práctico para quienes desean aplicar los principios de la manifestación en sus vidas. Ofrece una guía completa sobre cómo utilizar el poder creativo de la mente para moldear la realidad de forma consciente. Al elegir pensamientos y sentimientos alineados con sus objetivos, las personas pueden tomar el control de su destino, comprendiendo que el mundo exterior no es más que un reflejo de su conciencia interior. Esta perspectiva no sólo refuerza la idea de que las personas son creadoras activas de su realidad, sino que también destaca la importancia de la responsabilidad personal en el proceso de manifestación.

CONCLUSIÓN

Resumen de enseñanzas clave

Sentir es el Secreto, de Neville Goddard: el libro enseña que nuestra conciencia, en particular los sentimientos que albergamos, configuran directamente nuestra realidad. Goddard hace hincapié en el papel fundamental de la mente subconsciente, que manifiesta todo lo que se le imprime a través de los sentimientos. La clave del éxito y la manifestación, según Goddard, es dominar nuestras emociones, cultivar deliberadamente sentimientos alineados con la realidad que deseamos y utilizar el sueño y la oración como puertas de entrada para influir profundamente en el subconsciente.

PLAN DE ACCIÓN PARA LA APLICACIÓN DIARIA

1. Practica la consciencia:
   - A lo largo del día, mantente atento a tus emociones y pensamientos. Cada vez que te encuentres con sentimientos negativos o no deseados, redirige conscientemente tu atención hacia sentimientos positivos que se alineen con tus deseos.

2. 2. Impresione al subconsciente a través de los sentimientos:
   - Comience a visualizar sus deseos como si ya se hubieran cumplido. Cuando lo haga, concéntrese en cómo se siente al lograr ese deseo. Cuanto más vívida y cargada emocionalmente sea su visualización, más probabilidades tendrá de impresionar al subconsciente.

3. Utilice el sueño para reforzar los deseos:
   - Cada noche, antes de dormirse, asuma la sensación de que su deseo ya se ha cumplido. Túmbese en la cama, relájese e imagine el resultado deseado como si ya se hubiera cumplido. Duerma en este estado de satisfacción emocional, permitiendo que su subconsciente trabaje para manifestar esta realidad.

4. Reflexión y oración diarias:

- Reserva un tiempo cada día para entrar en un estado meditativo o de oración. Durante este tiempo, excluya las distracciones del mundo exterior y concéntrese únicamente en la sensación de que su deseo se ha hecho realidad. Haz de esto una práctica constante para reforzar las impresiones en tu subconsciente.

5. Cultive la paciencia y la fe:

- Comprenda que el proceso de manifestación lleva tiempo. Continúe manteniendo la fe en la realización de sus deseos, incluso si no ve resultados inmediatos. Mantén la disciplina en tus pensamientos y sentimientos, confiando en que el subconsciente está trabajando en segundo plano.

GLOSARIO DE CONCEPTOS CLAVE

1. Mente consciente:
   - La parte de la mente que es consciente, selectiva y responsable de generar pensamientos e ideas. Elige en qué nos centramos y qué sentimos.

2. Mente subconsciente:
   - La parte más profunda y no selectiva de la mente que recibe impresiones de la mente consciente y las convierte en realidad. Manifiesta lo que se le imprime, ya sea positivo o negativo.

3. Sentimiento:
   - Estado emocional asociado a un pensamiento o idea. Según Goddard, el sentimiento es la clave para impresionar al subconsciente. Sólo cuando una idea se siente como real puede manifestarse.

4. Impresión:
   - Proceso por el cual los pensamientos y sentimientos de la mente consciente se "imprimen" o graban en la mente subconsciente, lo que conduce a la manifestación en el mundo físico.

5. Manifestación:

   - La realización física de los deseos o ideas que se han impreso en la mente subconsciente a través del sentimiento.

Traducción realizada con la versión gratuita del traductor www.DeepL.com/Translator

6. Ley de la conciencia:

   - La idea de que toda nuestra realidad está moldeada por nuestro estado de conciencia. La conciencia, dividida en mente consciente y subconsciente, es la fuerza fundamental de la creación.

7. Oración:

   - Estado mental en el que se asume el sentimiento de un deseo ya cumplido. Es una forma de comunicar deseos al subconsciente alineando los sentimientos con el resultado deseado.

8. Sueño:

   - Un estado en el que la mente consciente se desconecta y el subconsciente se vuelve más receptivo. Goddard hace hincapié en utilizar el sueño para impresionar al subconsciente con la sensación de deseos cumplidos.

9. Imaginación:

- La capacidad de crear imágenes y escenarios mentales. La imaginación, cuando se combina con el sentimiento, desempeña un papel crucial para influir en la mente subconsciente y manifestar los deseos.

10. Deseo:

- Un fuerte sentimiento o deseo que algo suceda. Para Goddard, los deseos son el punto de partida de la manifestación, pero deben ir acompañados del sentimiento de que el deseo ya se ha realizado.

LECTURAS RECOMENDADAS

1. "El poder de tu mente subconsciente" de Joseph Murphy
- Este libro clásico profundiza en el poder de la mente subconsciente y en cómo se puede aprovechar para mejorar la salud, la riqueza y el bienestar general. Al igual que Goddard, Murphy enfatiza el papel de las creencias y los sentimientos en la configuración de la realidad.

2. "La ciencia de hacerse rico" de Wallace D. Wattles
- Este libro, un texto fundamental del movimiento de la ley de la atracción, describe cómo el poder del pensamiento y la gratitud pueden conducir a la riqueza y al éxito. Se alinea con las enseñanzas de Goddard sobre el poder creativo de la conciencia.

3. "Piense y hágase rico" de Napoleon Hill
- El libro de Hill se centra en la psicología del éxito, enfatizando el poder del deseo, la imaginación y la fe, conceptos que se superponen con las ideas de Goddard sobre la manifestación de los deseos a través de los sentimientos y las creencias.

4. "Pedid y se os dará" de Esther y Jerry Hicks

- Este libro presenta las enseñanzas de Abraham Hicks, centrándose en cómo las personas pueden alinear sus pensamientos y sentimientos con sus deseos para atraer resultados positivos. Ofrece ejercicios prácticos para apoyar la manifestación.

5. "Visualización creativa" de Shakti Gawain

- El libro de Gawain es una guía práctica sobre cómo utilizar la imaginación y el poder de la mente para crear la vida que deseas. Se basa en los mismos principios que la obra de Goddard, en particular el enfoque en la visualización y la sensación.

6. "La ley de la atracción: los fundamentos de las enseñanzas de Abraham" de Esther y Jerry Hicks

- Este es otro excelente recurso para aquellos interesados en la ley de atracción, ampliando cómo las emociones y los pensamientos afectan directamente la realidad de uno, similar a los principios de Goddard.

7. "Becoming Supernatural" del Dr. Joe Dispenza

- Dispenza combina la ciencia con la espiritualidad, explorando las formas en que la meditación, el pensamiento y la emoción pueden cambiar los patrones cerebrales y conducir a la transformación personal. Este libro ofrece una perspectiva neurocientífica moderna sobre conceptos relacionados con las enseñanzas de Goddard.

CRONOLOGÍA DE LA VIDA DE NEVILLE GODDARD

1905:
- Neville Lancelot Goddard nació el 19 de febrero en St. Michael, Barbados, en el seno de una familia británica. Es el cuarto hijo de una familia de nueve varones y una niña.

1922:
- A los 17 años, Neville se muda a la ciudad de Nueva York para estudiar teatro. Trabaja como actor y bailarín en el escenario y en películas mudas, actuando en Broadway, en películas mudas y haciendo giras por Europa con una compañía de danza.

1923:
- Neville se casa brevemente con Mildred Mary Hughes. Tienen un hijo, Joseph Goddard, nacido en 1924.

1929:
- Neville marca este año como el inicio de su viaje místico. Recuerda una experiencia espiritual: "Fui llevado en espíritu al Consejo Divino donde los dioses conversan".

1931:
- Después de años de estudiar lo oculto, Neville conoce a su maestro Abdullah, un hombre negro con turbante y

de ascendencia judía. Trabajan juntos durante cinco años en la ciudad de Nueva York.

1938:
- Neville comienza su propia carrera como docente y conferenciante, compartiendo sus conocimientos místicos.

1939:
- Neville publica su primer libro, A Tus Órdenes.

1940-1941:
- Neville conoce a su segunda esposa, Catherine Willa Van Schumus .

1941:
- Neville publica su segundo libro, Tu fe es tu fortuna.

1942:
- Neville se casa con Catherine y tienen una hija, Victoria, más tarde ese mismo año. También publica Libertad para todos: una aplicación práctica de la Biblia.

1942-1943:
- De noviembre a marzo, Neville sirve en el ejército y luego regresa a Greenwich Village, Nueva York. En 1943, aparece un perfil suyo en The New Yorker.

1944:
- Neville publica El sentimiento es el secreto.

1945:

- Neville publica La oración: el arte de creer.

1946:

- Neville conoce al filósofo Israel Regardie , quien lo perfila en El romance de la metafísica. También publica un panfleto, La búsqueda.

1948:

- Neville imparte sus famosas conferencias "Cinco lecciones" en Los Ángeles, que luego se publican póstumamente como libro.

1949:

- Neville publica Fuera de este mundo: Pensar en cuarta dimensión.

1952:

- Neville publica El poder de la conciencia.

1954:

- Neville publica Imaginación Despierta.

1955:

- Neville comienza a presentar programas de radio y televisión en Los Ángeles.

1956:

- Neville publica Semilla y cosecha: Una visión mística de las Escrituras.

1959:
- Neville experimenta un profundo evento místico, describiéndolo como un renacimiento de su propio cráneo, seguido de otras experiencias místicas.

1960:
- Neville lanza un álbum de palabra hablada.

1961:
- Neville publica La ley y la promesa. El capítulo final, "La promesa", detalla la experiencia mística de 1959 y las experiencias posteriores.

1964:
- Neville publica el panfleto Él rompe la cáscara: Una lección en las Escrituras.

1966:
- Neville publica su último libro completo, Resurrección, que describe su visión mística y el potencial de la humanidad para realizar su naturaleza divina.

1972:
- Neville muere el 1 de octubre a los 67 años en West Hollywood, al parecer de un ataque cardíaco. Está enterrado en la parcela familiar en St. Michael, Barbados.

ACERCA DE LOS AUTORES

Neville Goddard
Fue un pensador místico profundo e influyente del siglo XX. Sus enseñanzas se centraban en el concepto radical y empoderador de que la imaginación humana es la verdadera manifestación de Dios. Creía que todo en la vida de una persona, ya sea positivo o negativo, es resultado de sus pensamientos, sentimientos y estados imaginativos.

La infancia de Neville estuvo marcada por su crianza en Barbados, donde nació en 1905 en una familia anglicana. A los 17 años, se mudó a la ciudad de Nueva York en 1922 para dedicarse al teatro. Aunque alcanzó el éxito como actor y bailarín, actuando en Broadway y en películas mudas, su vida dio un giro radical a principios de la década de 1930. Dejó atrás su carrera de actor para sumergirse en el estudio de la metafísica.

Bajo la influencia de su mentor, Abdullah, una misteriosa figura de ascendencia africana y judía, Neville comenzó a explorar principios espirituales profundos que combinaban el cristianismo con el misticismo. Se embarcó en una carrera como escritor y conferenciante, utilizando su carisma e intelecto para dar charlas impactantes en iglesias metafísicas, centros espirituales y lugares públicos. Sus enseñanzas se centraban especialmente en el poder del pensamiento y la imaginación como la fuerza creativa suprema.

A pesar de no alcanzar una fama generalizada durante su vida, la influencia de Neville ha crecido significativamente desde su muerte en 1972. Sus obras, en particular sus libros como Sentir Es El Secreto, El Poder De La Conciencia y La Ley y La Promesa, ahora se consideran precursores de las ideas modernas sobre la mecánica cuántica y el poder de la conciencia para dar forma a la realidad.

Las ideas de Neville también han inspirado a pensadores y autores espirituales contemporáneos, entre ellos Carlos Castaneda y Joseph Murphy, quienes desarrollaron temas similares en sus propias obras. Hoy en día, sus enseñanzas son ampliamente consideradas como atemporales y siguen atrayendo a un público cada vez mayor que busca aprovechar el potencial creativo de la mente.

Imaginatio Divina Editorial

Creemos que el poder de la creación reside en cada uno de nosotros. Inspirados por las profundas enseñanzas de Neville Goddard, promovemos la transformación de la vida a través del poder de la imaginación y la conciencia. Nuestra editorial se dedica a publicar obras que revelan la capacidad innata de los individuos para dar forma a su realidad a través del pensamiento consciente y la fe interior. Cada libro, cada palabra, tiene como objetivo guiar a los lectores hacia el descubrimiento de su naturaleza divina y su poder creativo, en línea con la filosofía de que "la imaginación es Dios en acción".

www.ingramcontent.com/pod-product-compliance
Lightning Source LLC
Chambersburg PA
CBHW072107150726
47999CB00005B/1928